BETTINA MATTHAEI

REZEPTE UNTER 2 EURO

FOTOGRAFIE: JULIA HOERSCH, COCO LANG

INHALT

Öffnen Sie die Klappen dieses Buches.
Dort finden Sie die wichtigsten Infos zum Thema auf einen Blick!

DAS PRINZIP:
GÜNSTIG
EINKAUFEN

BROT-
UPCYCLING

Immer griffbereit:

SO GEHT'S:
NO-WASTE-
KÜCHE

Immer griffbereit:

SO GEHT'S:
ENERGIESPAR-
HACKS

GU CLOU

Wussten Sie schon, dass ...?
Entdecken Sie bei einigen ausgewählten Rezepten ganz besondere Tipps mit verblüffendem Insiderwissen. Aha-Momente garantiert!

Sammeln Ihrer Lieblingsrezepte mit der »GU Kochen Plus«-App (siehe S. 64)

REZEPTKAPITEL

BETTINA MATTHAEI

Das erste Kochbuch unserer Autorin erschien vor 20 Jahren und hieß »Rezepte unter 1,50 €«. Mit ihren aktuellen Low-Budget-Rezepten zeigt Bettina Matthaei erneut, wie wunderbar und abwechslungsreich Gerichte für wenig Geld schmecken können. Und dass keinesfalls am Geschmack gespart werden muss.

Was verbindet damals und heute?

Ein Prinzip ist mir heute so wichtig wie damals: Nicht nur günstige, sondern vor allem rundum gesunde und dabei leckere Rezepte mit einem kreativen Kick zu entwickeln! Aber Fleisch kann inzwischen bei einem 2-€-Budget kein gutes Fleisch sein, weshalb alle hier vorgestellten Rezepte vegetarisch sind.

Wählen Sie immer die günstigste Variante bei den Zutaten?

Nein! Ich greife – wenn möglich – zu Bio-Ware, z. B. bei Eiern oder Olivenöl. Hier lohnt es sich wirklich, ein paar Cent mehr auszugeben. Zum Glück gibt es mittlerweile im Supermarkt und beim Discounter auch ein großes Angebot an preiswertem Bio-Gemüse, beispielsweise Kartoffeln oder Möhren. Zitrusfrüchte kaufe ich prinzipiell in Bio-Qualität, denn ich verwende nicht nur den Saft. Auch die Schalen sind ein wunderbares Würzmittel.

Wie sparen Sie außerdem?

Energie hat sich extrem verteuert. Deshalb gibt es in diesem Buch keine Ofengerichte. Außerdem: Zeit ist bekanntlich auch Geld! So sind die Hälfte der Rezepte in 15 Minuten fertig, bei den anderen dauert es 20 bis 35 Minuten. Mein persönlicher Zeit-Spar-Held ist dabei mein Blitzhacker. Mein weiterer Tipp: Gemüsereste landen nicht im Bio-Müll, sondern in einer Gewürzpaste, Strünke und Gemüseblätter auch mal in einem köstlichen Taboulé.

Ihr Blick in die Zukunft?

Ob die Preise weiter steigen oder wieder fallen, kann keiner sagen. Die Preise, die diesem Buch zugrunde liegen, stammen aus dem Herbst 2022. Sie sind immer anteilig berechnet, also 1 EL Olivenöl, nicht 1 Flasche. So liegt der Durchschnittspreis pro Person und Gericht bei den vorliegenden Rezepten bei 1,25 €. Die versprochenen 2 € sind also noch nicht ausgereizt.

NO-WASTE-WÜRZPASTE

Übrig gebliebenes Gemüse (z. B. Möhre, Pastinake, Lauch, Sellerie, Petersilienwurzel oder angeschnittene Zwiebel) putzen bzw. schälen oder waschen und grob stückeln.

Knoblauch, Stängel von Petersilie oder Koriandergrün und für exotische Schärfe etwas Ingwerwurzel grob zerkleinern.

Alles mischen und abwiegen. 20 Prozent des Gewichts an Salz bereitstellen (also pro 100 g Gemüse 20 g Salz).

Gemüsemischung im Blitzhacker – evtl. portionsweise – so fein wie möglich zerkleinern. Dann das Salz dazugeben und alles weiter pürieren – fertig ist ein aromatisches Extra für Suppen, Pürees oder Kräuterquark! Im Schraubglas im Kühlschrank mindestens 6 Monate haltbar.

FRÜHSTÜCK, AUFSTRICH & DESSERT

Für 2 Personen • 15 Min. Zubereitung • Pro Portion ca. 480 kcal, 16 g EW, 22 g F, 52 g KH

ZUCCHINI-PORRIDGE MIT BANANE

MACHT GUTE LAUNE

150 g Zucchini • 1 Banane • 300 ml Milch (ersatzweise Haferdrink) • Salz • 80 g zarte Haferflocken • 150 g Joghurt (10 % Fett) • ¼ TL Zimtpulver • 20 g Walnusskerne • 2 TL Agavensirup

1 Die Zucchini waschen, putzen, abtrocknen und grob raspeln. Die Banane schälen, ein paar Scheibchen abschneiden und beiseitelegen, Rest mit der Gabel zerdrücken.

2 Die Milch mit 1 guten Prise Salz aufkochen, die Haferflocken einstreuen. Zucchini und die zerdrückte Banane unterheben. Alles unter Rühren 2–3 Min. köcheln lassen, dann neben dem Herd zugedeckt ca. 5 Min. ziehen lassen. Inzwischen den Joghurt mit dem Zimt verrühren, Walnüsse grob hacken. Den Porridge auf zwei Schalen verteilen, den Joghurt darauflöffeln. Mit Agavensirup beträufeln, mit Walnüssen bestreuen und mit den Bananenscheiben garnieren.

Für 2 Personen • 15 Min. Zubereitung + 8 Std. Quellen • Pro Portion ca. 520 kcal, 17 g EW, 27 g F, 49 g KH

OVERNIGHT-OATS MIT APFEL

VOLLWERTIG

60 g kernige Haferflocken • 30 g geschrotete Leinsamen • 30 g Sonnenblumenkerne • 20 g Rosinen • Salz • 1 Apfel • 150 g Joghurt (10 % Fett) • 2 EL flüssiger Honig • 20 g Mandeln

1 Haferflocken, Leinsamen, Sonnenblumenkerne und Rosinen mit 300 ml Wasser und 1 Prise Salz mischen und abgedeckt über Nacht im Kühlschrank quellen lassen.

2 Am nächsten Tag den Apfel waschen, mit der Schale grob raspeln und sofort untermischen. Overnight-Oats auf zwei Schalen verteilen. Den Joghurt glatt rühren und darauflöffeln, den Honig darüberträufeln. Die Mandeln grob hacken und darüberstreuen.

Für 2 Personen • 15 Min. Zubereitung • Pro Portion ca. 420 kcal, 21 g EW, 14 g F, 51 g KH

HAFER-PANCAKES MIT HONIG

UNSCHLAGBAR GÜNSTIG

100 g zarte Haferflocken
Salz
20 g Kokosöl
200 g Magerquark
100 g Heidelbeeren (ersatzweise anderes Obst der Saison)
2 EL flüssiger Honig

1 Die Haferflocken mit 200 ml kaltem Wasser und 1 guten Prise Salz mit dem Pürierstab sehr fein pürieren.

2 Zwei kleine Pfannen erhitzen, in jeder Pfanne 5 g Kokosöl schmelzen. Jeweils die Hälfte der Haferflocken-Masse hineingeben und gleichmäßig verstreichen. Die Pancakes bei starker Hitze auf einer Seite in ca. 3 Min. goldbraun backen, dann nacheinander auf einen Topfdeckel gleiten lassen. Das restliche Öl in den Pfannen verteilen und die Pancakes bei mittlerer Hitze in ca. 2 Min. auf der anderen Seite fertig backen. Inzwischen den Quark mit 2 EL Wasser glatt rühren. Die Heidelbeeren abbrausen und trocken tupfen.

3 Die fertigen Pancakes mit dem Quark und den Heidelbeeren anrichten. Den Honig darüberträufeln.

Für 2 Personen • 15 Min. Zubereitung • Pro Portion ca. 175 kcal, 6 g EW, 15 g F, 5 g KH

BROKKOLI-AUFSTRICH

AUS RESTEN GEZAUBERT

200 g Brokkoli-Strunk und Röschen
2 Frühlingszwiebeln
½ Bio-Limette
100 g Doppelrahmfrischkäse
2 TL Meerrettich (aus dem Glas)
Salz
Pfeffer

1 Den Strunk vom Brokkoli lösen, schälen und holzige Stellen entfernen. Strunk abwiegen und so viele Röschen dazunehmen, dass es insgesamt 200 g ergibt. Brokkolistrunk und -röschen waschen, trocken tupfen und grob stückeln. Die Frühlingszwiebeln putzen, waschen und trocken tupfen. Grüne Teile in schmale Ringe schneiden und beiseitestellen, weiße Teile grob zerkleinern und mit den Brokkolistückchen im Blitzhacker klein wie Couscous hacken.

2 Die Limettenhälfte heiß waschen und abtrocknen. Die Schale fein abreiben und etwas Saft auspressen.

3 Den gehackten Brokkoli mit Frischkäse, Meerrettich, Limettenschale und 1 TL Limettensaft vermischen, mit Salz und Pfeffer abschmecken. Den Aufstrich mit den Zwiebelringen bestreuen.

GESCHMACKSKICK
Anstelle von Salz 1 TL der No-Waste-Würzpaste untermischen.

Für 2 Personen • 15 Min. Zubereitung • Pro Portion ca. 280 kcal, 9 g EW, 24 g F, 6 g KH

PILZ-KÜRBISKERN-AUFSTRICH

KNACKIG-WÜRZIG

175 g braune Champignons
1 Zwiebel
1 ½ EL Olivenöl
30 g Kürbiskerne
4 Stängel Petersilie
75 g Doppelrahmfrischkäse
½ Bio-Zitrone
Salz
Pfeffer
frisch geriebene Muskatnuss
Cayennepfeffer

1 Die Champignons putzen und trocken abreiben. Größere Pilze halbieren. Im Blitzhacker kleinstückig hacken. Herausnehmen. Die Zwiebel schälen, grob stückeln und im Blitzhacker fein hacken.

2 Die Zwiebelwürfel im Öl glasig andünsten. Die Pilzstücke dazugeben und unter Rühren ca. 4 Min. braten. Beides herausnehmen und abkühlen lassen. Inzwischen die Kürbiskerne im Blitzhacker klein hacken. Die Petersilie abbrausen und trocken schütteln, die Blättchen fein hacken. Abgekühlte Pilze mit Petersilie und Kürbiskernen mischen, dann den Frischkäse untermischen.

3 Die Zitronenhälfte heiß waschen und abtrocknen. Die Schale fein abreiben und etwas Saft auspressen. Den Aufstrich mit einigen Spritzern Zitronensaft, der Zitronenschale, Salz, Pfeffer, Muskatnuss und Cayennepfeffer kräftig abschmecken.

Für 2 Personen • 15 Min. Zubereitung • Pro Portion ca. 240 kcal, 6 g EW, 21 g F, 9 g KH

ERBSEN-AVOCADO-AUFSTRICH

SOMMERLICH-FRISCH

150 g TK-Erbsen
2 Frühlingszwiebeln
5 Stängel Minze
½ Bio-Limette + Schale + Saft
1 reife Avocado
1 TL Agavensirup
Kräutersalz (ersatzweise Salz)
Pfeffer (am besten grüner Pfeffer aus der Mühle)

1 Die Erbsen mit kochend heißem Wasser übergießen und bis zur Verwendung stehen lassen. Die Frühlingszwiebeln putzen und in Stücke schneiden. Die Minze abbrausen und trocken schütteln, die Blättchen abzupfen und grob hacken.

2 Die Limettenhälfte heiß waschen und abtrocknen. Die Schale fein abreiben und den Saft auspressen. Die Avocado halbieren und entkernen, das Fruchtfleisch herauslösen und in Stücke schneiden. Die Erbsen in ein Sieb abgießen.

3 Erbsen, Avocado, Minze und Frühlingszwiebeln im Blitzhacker fein pürieren. Masse, die an den Rand spritzt, mit einem Silikonspatel herunterschieben und nochmals pürieren. Limettensaft und Agavensirup dazugeben, alles nochmals kurz pürieren. Mit Limettenschale, Kräutersalz und Pfeffer pikant würzen.

Für 2 Personen • 15 Min. Zubereitung • Pro Portion ca. 300 kcal, 1 g EW, 21 g F, 25 g KH

MÖHREN-DATTEL-AUFSTRICH

SÜSS & SCHARF

½ Bio-Zitrone
100 g Möhren
50 g getrocknete Datteln
2 TL Agavensirup
50 g weiche Butter
Salz
½ TL Currypulver
Cayennepfeffer (nach Belieben)

1 Die Zitronenhälfte heiß waschen und abtrocknen. Die Schale fein abreiben und den Saft auspressen.

2 Die Möhren schälen, grob stückeln und im Blitzhacker sehr fein zerkleinern. Die Datteln grob hacken und mit Agavensirup und je 1 TL Zitronensaft und Zitronenschale dazugeben. Alles weiter pürieren, bis die Masse cremig ist. Die weiche Butter in Stückchen dazugeben, alles nochmals weiter pürieren und zwischendurch die Masse im Behälter nach unten streichen.

3 Den Aufstrich mit Salz, Curry und Cayennepfeffer abschmecken. Er ist im Kühlschrank 4–5 Tage haltbar. Rechtzeitig vor dem Servieren aus dem Kühlschrank nehmen, damit er streichfähig wird.

Für 2 Personen • 20 Min. Zubereitung • Pro Portion ca. 365 kcal, 12 g EW, 17 g F, 40 g KH

GEBRATENE BANANEN MIT KOKOS-QUARK

AUCH FÜR KINDER

20 g Kokosraspel
2 EL Butter
2 Bananen
½ Bio-Limette
150 g Magerquark
75 g Kokosmilch
2 EL Agavensirup
Salz

1 Die Kokosraspel in einer Pfanne ohne Fett goldgelb rösten und auf einem Teller abkühlen lassen.

2 Die Butter in einer großen Pfanne schmelzen, bis sie schäumt. Inzwischen die Bananen schälen und der Länge nach halbieren. Die Bananenhälften in die Pfanne geben und bei mittlerer Hitze in 4–5 Min. goldbraun braten, dabei die Hälften gelegentlich sehr vorsichtig wenden.

3 Inzwischen die Limettenhälfte heiß waschen und abtrocknen. 2 TL Schale abreiben und den Saft auspressen. Den Quark mit der Kokosmilch und 1 EL Agavensirup glatt rühren, dann mit je 1 TL Limettenschale und Limettensaft sowie 1 Prise Salz würzen und abschmecken.

4 Die Bananen mit dem Quark auf zwei Desserttellern anrichten. Restlichen Agavensirup und 2 TL Limettensaft in die Pfanne geben, den Bratsatz damit unter Rühren lösen und über den Quark träufeln. Die restliche Limettenschale mit den Kokosraspeln mischen und über die Bananen streuen.

TAUSCH-TIPP

Das Rezept eignet sich großartig für ältere, weich gewordene Bananen, die man roh nicht mehr so gerne isst. Auch Apfel- und Birnenspalten lassen sich auf diese Weise braten. Im Sommer passen Nektarinen und Pfirsiche.

Für 2 Personen • 15 Min. Zubereitung • Pro Portion ca. 390 kcal, 4 g EW, 27 g F, 33 g KH

ANANAS MIT KAKAOCREME

FÜR GÄSTE

2 Scheiben frische Ananas (ca. 1 ½ cm dick)
2 EL Butter
100 g Doppelrahmfrischkäse
2 EL Agavensirup
1 EL dunkles Kakaopulver
Minzeblättchen zum Garnieren
1 EL Zucker

1 Die Ananasscheiben schälen, putzen und halbieren. Den Strunk herausschneiden, z. B. mit einem Apfelausstecher. Die Butter in einer Pfanne schmelzen, bis sie schäumt. Die Ananas darin 6–8 Min. bei mittlerer Hitze braten, dabei gelegentlich wenden, bis sie innen weich und außen gebräunt ist.

2 Inzwischen den Frischkäse mit 2 EL Wasser und dem Agavensirup glatt rühren, dann den Kakao einrühren. Die Minze abbrausen und trocken schütteln. Die Blättchen abzupfen.

3 Die Ananas mit der Hälfte des Zuckers bestreuen, wenden und braten, bis der Zucker karamellisiert ist. Restlichen Zucker auf die andere Seite streuen, wenden und ebenfalls karamellisieren lassen. Die Ananas mit der Kakaocreme anrichten und mit der Minze garnieren.

Für 2 Personen • 15 Min. Zubereitung •
Pro Portion ca. 535 kcal, 6 g EW, 40 g F, 26 g KH

AVOCADOCREME MIT ORANGE

SÜSS-AROMATISCH

½ Bio-Zitrone • 2 kleine reife Avocados • Salz • 2 EL Agavensirup • 100 g Joghurt (10 % Fett) • 1 kleine Orange • 20 g dunkle Schokoladenraspeln

Eis:

Bananen gefroren in Stücken
Erdnussbutter
Waldbeeren gefroren

Banane gefroren in Stücken
Mango gefroren
Weiße Bohnen od. Kichererbsen

im Blitzhacker
zu Eiscreme machen

Für 2 Personen • 15 Min. Zubereitung •
Pro Portion ca. 270 kcal, 5 g EW, 10 g F, 42 g KH

FROZEN JOGHURT MIT BEEREN

ERFRISCHEND

200 g Joghurt (10 % Fett) • 3 EL Agavensirup • 300 g TK-Beerenmix • 1 Stängel Minze

1 Den Joghurt mit dem Agavensirup in einen Mixer geben. Von den Beeren etwa 50 g zur Seite legen, den Rest zum Joghurt geben und alles pürieren. (Das funktioniert auch mit einem Pürierstab. In diesem Fall zunächst die Hälfte der Beeren zugeben und pürieren, dann die weiteren Beeren untermixen).

2 Die Minze abbrausen und trocken schütteln, die Blättchen abzupfen. Das Joghurteis sofort mit den beiseitegelegten Beeren und den Minzeblättchen anrichten.

SALATE & SUPPEN

Für 2 Personen • 15 Min. Zubereitung • Pro Portion ca. 385 kcal, 22 g EW, 24 g F, 15 g KH

TABOULÉ AUS BLUMENKOHLREST

SUPERGÜNSTIG

1 Bund Petersilie (50 g Blätter und Stiele)
200 g Blumenkohlabschnitte (Hüllblätter und Strunk)
½ Bio-Zitrone
1 EL Agavendicksaft
Salz
Pfeffer
2 EL Olivenöl
200 g Hüttenkäse
40 g Kürbiskerne

1 Petersilie abbrausen und trocken schütteln. Die Stiele hacken, die Blättchen beiseitelegen. Die Hüllblätter waschen. Die Blattrippen herausschneiden und diese grob zerkleinern, das Blattgrün grob zerrupfen. Den Strunk schälen und in Stücke schneiden.

2 Petersilienstiele, Blattrippen und Strunk im Blitzhacker oder mit einem großen Messer zu Reiskorngröße hacken. Blattgrün und Petersilienblätter dazugeben und alles nochmals kurz durchhacken. Die Zitronenhälfte heiß waschen und abtrocknen. Die Schale fein abreiben und den Saft auspressen.

3 Zitronensaft und Agavendicksaft mit Salz und Pfeffer verrühren, die abgeriebene Zitronenschale dazugeben und das Olivenöl unterschlagen. Das gehackte Gemüse in einer Schüssel locker mit dem Dressing vermischen. Den Hüttenkäse unterheben. Die Kürbiskerne hacken und über den Salat streuen.

Für 2 Personen • 30 Min. Zubereitung • Pro Portion ca. 325 kcal, 11 g EW, 23 g F, 16 g KH

COLE SLAW MIT INGWER

RAFFINIERT

½ Spitzkohl (ca. 250 g)
½ Bund Staudensellerie (ca. 250 g)
1 grüner Apfel
½ Bio-Limette
1 Stück Ingwer (ca. 2 cm lang)
250 g Joghurt (3,5 %)
2 EL Olivenöl
Salz, Pfeffer
30 g Sesam

TURBO-TIPP
Gemüse und Apfel stückeln, dann portionsweise im Blitzhacker zerkleinern.

1 Den Spitzkohl putzen, falls nötig, die äußeren Blätter entfernen. Den Kohl waschen, trocken tupfen und ohne den Strunk in sehr feine Streifen schneiden. Den Staudensellerie putzen, etwas Selleriegrün zur Seite legen. Die Stangen entfädeln, waschen und quer in dünne Scheibchen hobeln. Den Apfel waschen, vierteln und entkernen. Die Apfelstücke mit der Schale grob raspeln.

2 Kohlstreifen, Selleriescheibchen und Apfelraspeln in einer Salatschüssel mischen. Die Limettenhälfte heiß waschen und abtrocknen, 2 TL Schale abreiben und etwas Saft auspressen. Den Ingwer schälen und fein reiben. Den Joghurt mit Olivenöl, Ingwer, Limettenschale, 1 Spritzer Limettensaft, Salz und Pfeffer verrühren. Das Joghurtdressing über den Salat gießen und untermischen.

3 Den Sesam in einer Pfanne ohne Fett goldgelb rösten und über den Salat streuen. Salat mit dem Selleriegrün garnieren.

Für 2 Personen • 30 Min. Zubereitung • Pro Portion ca. 410 kcal, 18 g EW, 22 g F, 34 g KH

KARTOFFELSALAT MIT GOUDA

HERZHAFT

450 g kleine festkochende Kartoffeln
Salz
1 ½ EL Apfelessig
50 ml Gemüsebrühe
1 EL scharfer Senf
Pfeffer
2 EL Olivenöl
4 dünne Frühlingszwiebeln
75 g mittelalter Gouda
1 grüner Apfel (z. B. Granny Smith)
20 g Kürbiskerne

1 Die Kartoffeln waschen und in Salzwasser zugedeckt in 20–25 Min. gar kochen. Inzwischen für das Dressing den Essig mit Gemüsebrühe, Senf, Salz und Pfeffer verrühren, dann das Öl unterschlagen. Die Frühlingszwiebeln putzen und in schmale Ringe schneiden. Den Käse in 1 cm große Würfel schneiden.

2 Die Kartoffeln abgießen, etwas ausdampfen lassen und pellen. Kartoffeln in Scheiben schneiden und sofort mit dem Dressing und den Frühlingszwiebeln mischen, dabei öfter wenden.

3 Den Apfel waschen, vierteln und entkernen. Die Viertel quer in schmale Scheibchen hobeln und mit den Käsewürfeln unter den Salat heben. Die Kürbiskerne über den Salat streuen.

Für 2 Personen • 20 Min. Zubereitung • Pro Portion ca. 380 kcal, 15 g EW, 20 g F, 30 g KH

MÖHREN-ANANAS-SALAT

MIT EXOTISCHEM TOUCH

¼ frische Ananas (geputzt gewogen ca. 175 g)
200 g Möhren
2 Frühlingszwiebeln
½ Bio-Limette
80 g Erdnussmus »crunchy«
2 TL Sojasauce
1 EL Agavensirup
2 TL Apfelessig (ersatzweise anderer milder Essig)
1 TL Sambal Oelek
2 Knoblauchzehen
Salz
½ Bund Koriandergrün (nach Belieben)

1 Das Ananasstück schälen, putzen und den Strunk herausschneiden. Das Fruchtfleisch klein würfeln. Die Möhren schälen, waschen und in Juliennestreifen hobeln. Die Frühlingszwiebeln putzen, waschen und in schmale Ringe schneiden. Alles locker mischen.

2 Die Limettenhälfte heiß waschen und abtrocknen. Die Schale fein abreiben und etwas Saft auspressen. Das Erdnussmus mit 2 TL Limettensaft, Sojasauce, Agavensirup, Apfelessig und Sambal Oelek verrühren. Den Knoblauch schälen, fein hacken und untermischen. Das dickflüssige Dressing abschmecken und nach Belieben noch etwas salzen, dann mit dem Möhren-Ananas-Mix vermischen.

3 Das Koriandergrün, falls verwendet, abbrausen und trocken schütteln. Koriandergrün mit den zarten Stielen hacken und über den Möhren-Ananas-Salat streuen.

Für 2 Personen • 15 Min. Zubereitung • Pro Portion ca. 375 kcal, 9 g EW, 32 g F, 13 g KH

ZUCCHINI-BIRNEN-SALAT

HERBSTLICH

1 große feste Birne
350 g feste Zucchini
3 Stängel Dill
½ Bio-Limette
1 reife Avocado
150 g Joghurt (10 % Fett)
Kräutersalz (ersatzweise Salz)
Pfeffer (am besten grüner Pfeffer aus der Mühle)
20 g Kürbiskerne

1 Die Birne waschen, vierteln und das Kerngehäuse herausschneiden. Die Zucchini waschen und putzen. Birne und Zucchini mit der Schale in dünne Scheiben hobeln. Den Dill abbrausen und trocken schütteln, einige Spitzen abzupfen und zur Seite legen. Den Rest hacken und mit den Birnen- und Zucchinischeibchen mischen.

2 Die Limettenhälfte heiß waschen und abtrocknen. Die Schale fein abreiben, den Saft auspressen. Die Avocado längs halbieren und entkernen. Das Fruchtfleisch herauslösen, grob stückeln und in einem hohen Rührbecher mit dem Joghurt, 1 TL Limettensaft und der Limettenschale mit dem Pürierstab pürieren. Das Dressing mit Salz, Pfeffer und nach Belieben mehr Limettensaft abschmecken.

3 Das Dressing über den Salat löffeln und unterheben, die Kürbiskerne darüberstreuen und alles mit den Dillspitzen garnieren.

Für 2 Personen • 15 Min. Zubereitung • Pro Portion ca. 450 kcal, 17 g EW, 28 g F, 31 g KH

ROTE-BETE-BEEREN-SALAT

FÜR GÄSTE

300 g vorgegarte Rote Bete (aus dem Folienpack)
2 EL Apfelessig
Salz
Pfeffer
½ Bund dünne Frühlingszwiebeln
125 g Heidelbeeren
100 g Schafskäse (Feta)
2 TL scharfer Senf
2 TL flüssiger Honig
2 EL Olivenöl
30 g Mandeln

1 Die Rote-Bete-Knollen abtropfen lassen, trocken tupfen und knapp 1 cm groß würfeln. In eine Schüssel geben, mit 1 EL Essig beträufeln, salzen und pfeffern und bis zur Verwendung marinieren, dabei gelegentlich umrühren.

2 Inzwischen die Frühlingszwiebeln putzen, waschen und in schmale Ringe schneiden. Die Heidelbeeren gründlich waschen, abtropfen lassen und trocken tupfen. Den Feta zerbröckeln.

3 Den restlichen Essig mit Senf, Honig, Salz und Pfeffer verrühren, dann das Öl unterschlagen. Die Rote-Bete-Würfel vorsichtig mit den Frühlingszwiebeln und den Heidelbeeren mischen. Das Dressing darübergießen und gut untermischen. Die Mandeln grob hacken und mit dem Feta auf dem Salat verteilen.

Für 2 Personen • 25 Min. Zubereitung • Pro Portion ca. 300 kcal, 8 g EW, 21 g F, 13 g KH

KOHLRABISUPPE MIT HANFSAMEN-TOPPING

SEELENWÄRMER

1 Zwiebel
1 Kohlrabi mit frischem Grün
1 mehligkochende Kartoffel (ca. 100 g)
5 Stängel Petersilie
1 EL Olivenöl
500 ml Gemüsebrühe
½ Bio-Zitrone → Schale + Saft
20 g Hanfsamen
Meersalzflocken (ersatzweise Salz)
Chiliflocken
100 g Doppelrahmfrischkäse
Pfeffer (am besten grüner Pfeffer aus der Mühle)
Cayennepfeffer

GU CLOU

Das Topping ist hier das kleine Extra, das aus diesem einfachen Süppchen etwas Besonderes macht: Es sorgt für mehr Textur, tollen Geschmack und schöne Optik.

1 Die Zwiebel schälen und würfeln. Das Grün von der Knolle abschneiden. Die Stiele entfernen. Die Kohlrabiblätter waschen, trocken tupfen und grob schneiden. Die Knolle schälen, holzige Stellen wegschneiden. Dann die Kohlrabiknolle in ca. 2 cm große Würfel schneiden.

2 Die Kartoffel schälen, waschen und in ca. 1 cm große Würfel schneiden. Die Petersilie abbrausen und trocken schütteln, Stiele und Blätter separat hacken.

3 Die Zwiebelwürfel im Öl glasig dünsten. Petersilienstiele, Kohlrabiwürfel und -blätter ca. 1 Min. unter Rühren mitdünsten. Zunächst 400 ml Brühe angießen und aufkochen. Kartoffeln dazugeben und alles zugedeckt ca. 15 Min. köcheln lassen.

4 Inzwischen für das Topping die Zitronenhälfte heiß waschen und abtrocknen. Die Schale fein abreiben und mit Hanfsamen, gehackter Petersilie, Meersalzflocken und Chiliflocken mischen.

5 Den Frischkäse zur Suppe geben und die Suppe mit dem Pürierstab glatt pürieren, nach Wunsch etwas mehr Brühe hinzufügen. Die Suppe mit Meersalzflocken, Pfeffer, Cayennepfeffer und etwas Zitronensaft abschmecken. In zwei Schalen anrichten und mit dem Topping bestreuen.

300g Kartoffel
1 Karotte
1 Zwiebel
1 Knofi
1 Ingwer
1 Rane groß
Salz Pfeffer Frischkäse
Zitronenschale

Für 2 Personen • 15 Min. Zubereitung • Pro Portion ca. 250 kcal, 5 g EW, 13 g F, 22 g KH

ROTE-BETE-KOKOS-SUPPE

MIT INGWER-KICK

1 Zwiebel
1 Knoblauchzehe
1 Stück Ingwer (ca. 2 ½ cm lang)
250 g vorgegarte Rote Bete (aus dem Folienpack)
20 g Kokosöl
250 ml Gemüsebrühe
1 Bio-Limette
4 Stängel Koriandergrün (ersatzweise Kresse)
200 g Kokosmilch
Salz
Pfeffer
50 g Joghurt (10 % Fett)

1 Zwiebel und Knoblauch schälen und würfeln. Den Ingwer schälen und fein reiben. Die Rote-Bete-Knollen klein schneiden.

2 Die Zwiebelwürfel im Kokosöl glasig andünsten, den Knoblauch kurz mitdünsten. Die Roten Beten dazugeben und 1–2 Min. unter Rühren andünsten. Zunächst 200 ml Brühe angießen, aufkochen und alles ca. 5 Min. zugedeckt köcheln lassen. Inzwischen die Limettenhälfte heiß waschen und abtrocknen. 2 TL Schale abreiben und den Saft auspressen. Das Koriandergrün abbrausen, trocken schütteln und mit den zarten Stielen grob hacken.

3 Die Suppe mit dem Pürierstab fein pürieren. Die Kokosmilch dazugeben und erwärmen. Die Suppe nochmals pürieren und evtl. noch etwas Brühe hinzufügen. Die Suppe mit Limettensaft und -schale, Salz und Pfeffer abschmecken. In zwei Schalen füllen, mit je 1 Klecks Joghurt garnieren und mit dem Koriandergrün bestreuen.

Für 2 Personen • 25 Min. Zubereitung • Pro Portion ca. 325 kcal, 7 g EW, 28 g F, 8 g KH

BROKKOLI-INGWER-SUPPE

FEINER IMBISS

300 g Brokkoli
1 Stück Ingwer (ca. 2 ½ cm lang)
1 Zwiebel
1 Knoblauchzehe
30 g Kokosöl
600 ml Gemüsebrühe
2 Stängel Petersilie
½ Bio-Zitrone
100 g Doppelrahmfrischkäse
Salz
Pfeffer (am besten grüner Pfeffer aus der Mühle)
Cayennepfeffer

1 Den Brokkoli putzen, den Stiel schälen und holzige Teile wegschneiden. Den Stiel klein würfeln. Den Kopf in gleichmäßig große Röschen teilen, diese waschen und abtropfen lassen. Ingwer, Zwiebel und Knoblauch schälen und würfeln.

2 Die Zwiebelwürfel im Öl glasig andünsten, Knoblauch und Ingwer kurz mitdünsten. Den Brokkoli dazugeben, unter Rühren kurz andünsten. Die Brühe angießen, aufkochen und das Gemüse zugedeckt in ca. 10 Min. nicht zu weich kochen. Inzwischen die Petersilie abbrausen, trocken schütteln und hacken. Die Zitronenhälfte heiß waschen und abtrocknen. 1 TL Schale abreiben, etwas Saft auspressen.

3 Den Frischkäse zur Suppe geben. Die Suppe mit dem Pürierstab fein pürieren. Mit 2 TL Zitronensaft, Zitronenschale, Salz, Pfeffer und Cayennepfeffer pikant abschmecken. In zwei Schalen füllen und mit der Petersilie bestreut servieren.

Für 2 Personen • 20 Min. Zubereitung • Pro Portion ca. 470 kcal, 19 g EW, 31 g F, 22 g KH

LAUCH-LINSEN-EINTOPF MIT LIMETTE

SUPERGÜNSTIG, SUPERLECKER

1 dicke Stange Lauch (ca. 300 g)
1 EL Olivenöl
400 ml Gemüsebrühe
1 Dose Linsen (240 g Abtropfgewicht)
50 g Erdnussmus
100 g Doppelrahmfrischkäse
½ Bio-Limette Schale + Saft
Salz
Pfeffer
Cayennepfeffer

TIPP
Sämiger Eintopf bevorzugt? Dann nur 250 ml Brühe verwenden und zum Schluss keine Brühe mehr dazugeben.

1 Den Lauch putzen, längs halbieren, sehr gründlich waschen und trocken tupfen. Ein kleines Stück des dunkelgrünen Teils millimeterfein schneiden und zur Seite legen. Den Rest quer in 1 cm breite Streifen schneiden.

2 Das Öl erhitzen und die dunkelgrünen Streifen darin ca. 1 Min. bei mittlerer Hitze rührbraten. Dann die hellen Lauchteile dazugeben und alles weitere 2 Min. rührbraten, anschließend 250 ml Brühe angießen und aufkochen.

3 Inzwischen die Linsen abgießen, abbrausen und abtropfen lassen. Die Linsen zur Lauchbrühe geben und darin erhitzen. Erst das Erdnussmus einrühren, dann den Frischkäse. Alles erneut erhitzen, aber nicht mehr aufkochen.

4 Die Limettenhälfte heiß waschen und abtrocknen. Die Schale fein abreiben und etwas Saft auspressen.

5 Die restliche Brühe zur Lauch-Linsen-Mischung geben. Den Lauch-Linsen-Eintopf mit Salz, Pfeffer, Cayennepfeffer, Limettenschale und einigen Spritzern Limettensaft pikant abschmecken. Eintopf auf zwei Schalen verteilen und mit den beiseitegelegten Lauchstreifen bestreuen.

Für 2 Personen • 20 Min. Zubereitung • Pro Portion ca. 300 kcal, 15 g EW, 15 g F, 23 g KH

TOMATENSUPPE MIT BOHNEN

ITALIENISCH

1 große Zwiebel
2 Knoblauchzehen
2 EL Olivenöl
40 g Tomatenmark
1 TL getrockneter Thymian
250 ml Gemüsebrühe
1 Dose stückige Tomaten (400 g)
1 Dose weiße Bohnen (240 g Abtropfgewicht)
Salz
Pfeffer
Chiliflocken
30 g Parmesan
2 Stängel Basilikum (nach Belieben)

1 Zwiebel und Knoblauch schälen und würfeln. Die Zwiebelwürfel in 1 ½ EL Öl glasig andünsten, den Knoblauch kurz mitdünsten. Das Tomatenmark unter Rühren darin anrösten, den Thymian dazugeben und mit zunächst 200 ml Brühe ablöschen. Die Tomaten hinzufügen, alles aufkochen und ca. 5 Min. offen köcheln lassen.

2 Die Bohnen abgießen, abbrausen und in der Tomatensuppe erhitzen. Die Suppe weitere 5 Min. sanft köcheln lassen. Nach Belieben mit dem Pürierstab kurz pürieren, so dass ein Teil der Bohnen noch ganz bleibt. Falls gewünscht, etwas mehr Brühe dazugeben.

3 Die Suppe mit Salz, Pfeffer und Chiliflocken abschmecken. Den Parmesan reiben und darüberstreuen. Das Basilikum, falls verwendet, waschen und trocken schütteln. Die Blättchen fein schneiden und über die Suppe streuen.

Für 2 Personen • 15 Min. Zubereitung • Pro Portion ca. 350 kcal, 10 g EW, 16 g F, 39 g KH

MAISCREMESUPPE

SAMTIG-SÜSS

1 Zwiebel
1 Knoblauchzehe
1 EL Olivenöl
250 ml kalte Gemüsebrühe
1 Dose Mais (340 g Füllgewicht)
50 g Doppelrahmfrischkäse
½ Bio-Limette
Salz
Pfeffer
Cayennepfeffer
50 g Joghurt (10 % Fett)
Chiliflocken

1 Zwiebel und Knoblauch schälen und würfeln. Die Zwiebelwürfel in einem Topf im Öl glasig andünsten, den Knoblauch kurz mitdünsten. Mit der Brühe ablöschen und den Topf vom Herd nehmen. 1 EL Mais aus der Dose nehmen und beiseitelegen, den Rest mit der Dosen-Flüssigkeit in den Topf geben, dann alles cremig-fein pürieren, am besten im Standmixer auf höchster Stufe.

2 Die Suppe zurück in den Topf geben und unter Rühren erhitzen, aber nicht mehr aufkochen. Den Frischkäse einrühren. Die Limettenhälfte heiß waschen und abtrocknen. Die Schale fein abreiben und den Saft auspressen. Die Suppe mit Limettensaft, Salz, Pfeffer und Cayennepfeffer pikant abschmecken und auf zwei Schalen verteilen.

3 Den Joghurt mit etwas Salz glatt rühren und in jede Portion spiralig einrühren. Die Suppe mit den ganzen Maiskörnern garnieren und mit Limettenschale und Chiliflocken bestreuen.

HAUPTGERICHTE

Für 2 Personen • 15 Min. Zubereitung • Pro Portion ca. 330 kcal, 17 g EW, 20 g F, 20 g KH

BLUMENKOHL-BOHNEN-PÜREE

SCHÖN DEFTIG

200 g kleine Zwiebeln
2 ½ EL Olivenöl
½ kleiner Blumenkohl (ca. 350 g)
1 Dose weiße Bohnen (240 g Abtropfgewicht)
Salz
Pfeffer
Cayennepfeffer
frisch geriebene Muskatnuss
6 Stängel Petersilie
2 Eier (M)

1 Die Zwiebeln schälen, längs halbieren und quer in Streifen schneiden. In 2 EL Öl langsam bei mittlerer Hitze in ca. 15 Min. goldbraun braten, dabei gelegentlich umrühren.

2 Inzwischen den Blumenkohl in gleichmäßig große Röschen teilen, waschen und in einem Siebeinsatz über kochendem Wasser ca. 12 Min. dämpfen. Die Bohnen mit der Dosenflüssigkeit in einem Topf erhitzen, dann abgießen und mit dem Blumenkohl mischen. Alles mit dem Pürierstab pürieren und mit Salz, Pfeffer, Cayennepfeffer und Muskatnuss würzen. Die Petersilie abbrausen und trocken schütteln. Die Blättchen hacken und unterheben.

3 Das restliche Öl in einer Pfanne erhitzen und die Eier darin zu Spiegeleiern braten, salzen und pfeffern. Das Blumenkohl-Bohnen-Püree mit den Zwiebeln und den Spiegeleiern anrichten.

Für 2 Personen • 15 Min. Zubereitung • Pro Portion ca. 365 kcal, 15 g EW, 28 g F, 13 g KH

BLUMENKOHL-ERBSEN-»RISOTTO«

SOMMERLICH LEICHT

350 g Blumenkohl
100 g TK-Erbsen
1 kleine Zwiebel
1 Knoblauchzehe
2 EL Olivenöl
100 ml Gemüsebrühe
30 g Parmesan
100 g Doppelrahmfrischkäse
Salz
Pfeffer
frisch geriebene Muskatnuss
Cayennepfeffer
2 Stängel Minze (ersatzweise Petersilie)

1 Den Blumenkohl waschen, trocken tupfen und in grobe Stücke teilen. Zuerst Strunk und Stiele im Blitzhacker zu Reiskorngröße hacken, dann die Röschen. Die Erbsen mit heißem Wasser übergießen und stehen lassen. Zwiebel und Knoblauch schälen und würfeln.

2 In einer großen Pfanne die Zwiebel im Öl glasig andünsten, den Knoblauch kurz mitdünsten. Den Blumenkohl-»Reis« dazugeben und ca. 2 Min. unter Rühren mitdünsten, er soll keine Farbe annehmen. Die Brühe angießen und den Blumenkohl ca. 3 Min. dämpfen, bis er gegart ist, aber noch einen leichten Biss hat. Den Parmesan reiben.

3 Den Frischkäse einrühren. Die Erbsen abgießen und untermischen. Alles mit Salz, Pfeffer, Muskat und Cayennepfeffer abschmecken. Die Hälfte des Parmesans untermischen, den Rest darüberstreuen. Die Minze abbrausen und trocken schütteln, die Blättchen abzupfen und den »Risotto« damit garnieren.

Für 2 Personen • 25 Min. Zubereitung • Pro Portion ca. 455 kcal, 13 g EW, 19 g F, 53 g KH

SÜSSKARTOFFEL-PFANNE MIT SCHWARZEN BOHNEN

KARIBISCH INSPIRIERT

1 Süßkartoffel (ca. 300 g)
1 dicke Stange Lauch (ca. 300 g)
1 Knoblauchzehe
2 EL Olivenöl
150 ml Gemüsebrühe
1 Dose schwarze Bohnen (240 g Abtropfgewicht)
3 Stängel Petersilie
150 g Joghurt (10 % Fett)
Salz
Pfeffer
Chiliflocken

TAUSCH-TIPP
Anstelle der schwarzen Bohnen passen auch Kidneybohnen ganz wunderbar. Sie sind leichter zu bekommen und meistens etwas günstiger als schwarze Bohnen. Anstelle von frischer Petersilie können Sie hier auch TK-Petersilie verwenden.

1 Die Süßkartoffel schälen, waschen und in gut 1 cm breite Scheiben schneiden, diese in Würfel schneiden. Den Lauch sehr gründlich waschen, trocken tupfen und längs halbieren. Die weißen und hellgrünen Teile der Hälften quer in 1 cm breite Streifen, die dunkelgrünen Teile in ½ cm breite Streifen schneiden. Den Knoblauch schälen und würfeln.

2 Das Olivenöl in einer großen Pfanne erhitzen, die Süßkartoffelwürfel darin bei starker Hitze unter häufigem Rühren ca. 3 Min. anbraten. Die Hitze reduzieren. Die dunkelgrünen Lauchstreifen dazugeben und ca. 1 Min. mitbraten. Den restlichen Lauch dazugeben und ca. 1 Min. mitbraten.

3 Knoblauch dazugeben, die Brühe angießen und alles zugedeckt ca. 3 Min. köcheln lassen. Inzwischen die Bohnen abgießen, abbrausen und abtropfen lassen. Die Petersilie abbrausen, trocken schütteln und die Blättchen hacken. Den Joghurt mit 1 Prise Salz glatt rühren.

4 Die Bohnen zum Gemüse geben und zugedeckt ca. 2 Min. darin erwärmen. Alles mit Salz, Pfeffer und Chiliflocken abschmecken und auf zwei Schalen verteilen. Mit der Petersilie bestreuen und auf jede Portion 1 Klecks Joghurt setzen.

Für 2 Personen • 15 Min. Zubereitung • Pro Portion ca. 435 kcal, 30 g EW, 30 g F, 11 g KH

MÖHREN-QUARK-OMELETT

EIWEISSREICH

4 Eier (M)
125 g Magerquark
1 TL Sambal Oelek
Salz
Pfeffer
400 g Möhren
2 EL Olivenöl
4 Stängel Petersilie
50 g Gouda

1 Zwei Eier trennen, die Eigelbe mit Quark und Sambal Oelek glatt verrühren. Die Mischung mit restlichen Eiern und Eiweißen mit dem Schneebesen verrühren, salzen und pfeffern.

2 Die Möhren schälen, in grobe Stücke schneiden und im Blitzhacker zu Reiskorngröße klein hacken. Alternativ mit dem Messer fein hacken. Das Öl in einer Pfanne (∅ 28 cm) erhitzen, den Möhren-»Reis« bei starker Hitze 3–4 Min. rührbraten. Salzen und pfeffern. Die Hitze etwas reduzieren, die Möhren mit dem Pfannenwender flach drücken. Die Eiermasse darübergießen und zugedeckt bei mittlerer Hitze ca. 4 Min. stocken lassen. Inzwischen die Petersilie waschen, trocken schütteln und die Blättchen hacken. Den Gouda reiben.

3 Den geriebenen Gouda über die Eiermasse streuen, das Omelett weitere 3–4 Min. stocken lassen, bis die Eiermasse fest und der Gouda geschmolzen ist. Mit der Petersilie bestreut servieren.

Für 2 Personen • 25 Min. Zubereitung • Pro Portion ca. 410 kcal, 25 g EW, 19 g F, 32 g KH

KARTOFFEL-MÖHREN-PUFFER

KLASSIKER

- *250 g vorwiegend festkochende Kartoffeln*
- *1 große Möhre (ca. 100 g)*
- *1 Zwiebel*
- *4 Stängel Petersilie*
- *1 Ei (M)*
- *Salz*
- *Pfeffer*
- *frisch geriebene Muskatnuss*
- *2 EL Mehl*
- *3 EL Olivenöl*
- *250 g Magerquark*
- *1 Pck. gemischte TK-Kräuter (70 g)*

1 Die Kartoffeln schälen, waschen und grob raspeln. Mit Küchenpapier so fest wie möglich auspressen. Die Möhre schälen und etwas feiner raspeln. Die Zwiebel schälen und sehr fein hacken. Die Petersilie abbrausen, trocken schütteln und die Blättchen hacken. Die vorbereiteten Zutaten in einer Schüssel mischen.

2 Das Ei verschlagen und untermischen. Alles mit Salz, Pfeffer und 1 Prise Muskatnuss würzen. Das Mehl darüberstäuben und untermengen. Zwei Pfannen erhitzen, jeweils 1 EL Öl hineingeben. Für jeden Puffer 1 gehäuften EL der Masse hineinsetzen und mit dem Löffelrücken etwas flach drücken. Puffer von jeder Seite bei mittlerer Hitze 3–4 Min. goldbraun und knusprig braten.

3 Nebenbei den Quark mit dem restlichen Öl verrühren, salzen und pfeffern. Die Kräutermischung unterheben. Die Kartoffel-Möhren-Puffer mit dem Kräuterquark servieren.

Für 2 Personen • 30 Min. Zubereitung • Pro Portion ca. 355 kcal, 10 g EW, 20 g F, 32 g KH

ZWIEBEL-PILZ-GEMÜSE MIT CREMIGEM PÜREE

SOULFOOD AUS DER HEIMATKÜCHE

500 g mehligkochende Kartoffeln
Salz
350 g Champignons
300 g Zwiebeln
½ Bund Petersilie
2 EL Olivenöl
Pfeffer
2 Wacholderbeeren (nach Belieben)
Chiliflocken
75 g Doppelrahmfrischkäse
50 ml Gemüsebrühe
frisch geriebene Muskatnuss

1 Die Kartoffeln schälen, waschen, in Stücke schneiden und in Salzwasser zugedeckt in 20–25 Min. gar kochen.

2 Inzwischen die Champignons putzen, trocken abreiben und in Scheiben schneiden. Die Zwiebeln schälen, längs halbieren und quer in Streifen schneiden. Die Petersilie abbrausen und trocken schütteln. Stiele und Blätter separat hacken.

3 Eine große Pfanne stark erhitzen, die Pilze unter häufigem Rühren ohne Fett 3–4 Min. braten, dann herausnehmen. Das Öl in die Pfanne geben, die Zwiebeln darin bei mittlerer Hitze in 7–8 Min. goldgelb braten. Die Petersilienstiele kurz mitbraten. Die Pilze zurück in die Pfanne geben und mit den Zwiebeln mischen. Salzen und pfeffern. Die Wacholderbeeren sehr fein hacken oder mörsern und untermischen. Die Pilze mit Chiliflocken und Petersilienblättchen bestreuen.

4 Die Kartoffeln abgießen und etwas ausdampfen lassen. Mit dem Kartoffelstampfer zerdrücken und mit Frischkäse und Brühe zu einem cremigen Püree verarbeiten. Das Kartoffelpüree mit Salz, Pfeffer und Muskatnuss abschmecken und mit dem Zwiebel-Pilz-Gemüse anrichten.

TIPP

Braune Champignons schmecken etwas nussiger und intensiver als weiße, allerdings sind sie etwas teurer. Also zugreifen, wenn sie preiswert angeboten werden! Sind die Pilze fest geschlossen, kann man auch die Stiele mit verwenden (nur trockene Enden abschneiden). Bei älteren Exemplaren die Stiele herausdrehen.

Für 2 Personen • 30 Min. Zubereitung • Pro Portion ca. 485 kcal, 15 g EW, 19 g F, 59 g KH

ORIENTALISCHER LINSENREIS

MIT MANDELN UND ROSINEN

75 g Parboiled Reis
Salz
1 Bio-Limette
200 g kleine Zwiebeln
2 EL Olivenöl
25 g Mandeln
25 g Rosinen
Pfeffer
2 TL Ras el Hanout (ersatzweise Currypulver)
1 Dose Linsen (240 g Abtropfgewicht)
3 Stängel Petersilie
Chiliflocken (nach Belieben)

1 Den Reis nach Packungsangabe in gesalzenem Wasser garen. Inzwischen die Limette heiß waschen und abtrocknen. Die Schale abreiben, den Saft auspressen.

2 Die Zwiebeln schälen, längs halbieren und quer in Streifen schneiden. In einer Pfanne in 7–10 Min. im Öl goldbraun braten. Die Mandeln grob hacken und mit den Rosinen während der letzten ca. 3 Min. untermischen. Zwiebeln mit Salz, Pfeffer, 1 TL Ras el Hanout und etwas Limettensaft abschmecken, dann herausnehmen.

3 Den gegarten Reis in die Pfanne geben und kurz anbraten. Die Linsen abgießen, abbrausen und abtropfen lassen. Unter den Reis mischen und erhitzen. Linsenreis mit Salz, Pfeffer, übrigem Ras el Hanout und nach Belieben mit Chili und mehr Limettensaft würzen. Zwiebel-Mix untermischen. Die Petersilie abbrausen, trocken schütteln und hacken. Mit der Limettenschale über den Linsenreis streuen.

Für 2 Personen • 30 Min. Zubereitung • Pro Portion ca. 605 kcal, 22 g EW, 21 g F, 71g KH

ASIA-BLUMENKOHL

»NO WASTE« VOM FEINSTEN

1 große Zwiebel
3 Knoblauchzehen
400 g Blumenkohlabschnitte (Hüllblätter und Strunk)
2 EL Öl
150 g Basmatireis (ersatzweise Parboiled Reis)
Salz
1 EL Apfelessig
1 EL Agavensirup
2 EL Sojasauce
100 ml Gemüsebrühe
Pfeffer
Chiliflocken
40 g geröstete, gesalzene Erdnusskerne

1 Zwiebel und Knoblauch schälen und würfeln. Die Blumenkohlblätter gründlich waschen und trocken tupfen. Blattrippen herausschneiden und quer in ca. 3 mm dicke Streifen schneiden. Das Blattgrün in Streifen schneiden. Den Strunk schälen und in kleine Stifte schneiden.

2 Zwiebelwürfel im Öl glasig andünsten, den Knoblauch kurz mitdünsten. Zerkleinerte Blattrippen und die Strunkstifte dazugeben und ca. 5 Min. unter gelegentlichem Rühren anbraten. Parallel dazu den Reis in Salzwasser nach Packungsangabe garen.

3 Essig, Agavensirup, Sojasauce und Brühe verrühren und zum Gemüse geben. Alles aufkochen und zugedeckt ca. 5 Min. köcheln lassen. Dann die Blattgrün-Streifen dazugeben und weitere 10 Min. mitköcheln lassen, bis alles bissfest gar ist. Mit Salz, Pfeffer und Chiliflocken würzen. Das Gemüse mit dem gegarten Reis anrichten. Die Erdnüsse grob hacken und darüberstreuen.

Für 2 Personen • 20 Min. Zubereitung • Pro Portion ca. 470 kcal, 15 g EW, 10 g F, 74 g KH

KICHERERBSEN-TOMATEN-CURRY

HERRLICH AROMATISCH

100 g Parboiled Reis
Salz
150 g Zwiebeln
2 Knoblauchzehen
1 Stück Ingwer (ca. 2 ½ cm lang)
1 Dose Kichererbsen (240 g Abtropfgewicht)
15 g Kokosöl (ersatzweise Öl)
2 TL rote Thaicurrypaste (ersatzweise Currypulver)
1 Dose stückige Tomaten (400 g)
4 Stängel Koriandergrün
100 g Kokosmilch
Cayennepfeffer

1 Den Reis nach Packungsangabe in Salzwasser garen. Inzwischen Zwiebeln, Knoblauch und Ingwer schälen und würfeln. Die Kichererbsen in ein Sieb abgießen, abbrausen und abtropfen lassen.

2 Die Zwiebelstücke im Kokosöl glasig andünsten, Knoblauch und Ingwer kurz mitdünsten. Die Kichererbsen dazugeben. Die Currypaste dazugeben und unter Rühren anrösten, dann alles mit den Tomaten ablöschen und mischen. Das Curry salzen und zugedeckt ca. 5 Min. köcheln lassen. Inzwischen das Koriandergrün abbrausen, trocken schütteln und mit den zarten Stielen hacken.

3 Die Kokosmilch einrühren und sanft erwärmen. Das Curry nochmals mit Salz und Cayennepfeffer abschmecken, mit dem Koriandergrün bestreuen und mit dem Reis servieren.

Für 2 Personen • 20 Min. Zubereitung • Pro Portion ca. 395 kcal, 19 g EW, 27 g F, 17 g KH

EIER-CURRY

SCHÖN SCHARF

1 große Zwiebel
1 Stück Ingwer (ca. 2 ½ cm lang)
2 Knoblauchzehen
2 EL Öl
1 Dose stückige Tomaten (400 g)
200 g Kokosmilch
Salz
Pfeffer
2 TL Currypulver
1 TL Sambal Oelek
4 Eier (M)
75 g Joghurt (10 % Fett)
4 Stängel Koriandergrün

1 Zwiebel und Ingwer schälen, fein hacken und bei mittlerer Hitze im Öl andünsten, bis die Zwiebelstückchen weich sind. Den Knoblauch schälen, hacken und mit den stückigen Tomaten dazugeben.

2 Alles unter Rühren aufkochen, dann offen ca. 10 Min. köcheln lassen und dabei öfter umrühren. Die Kokosmilch einrühren und alles mit Salz, Pfeffer, Curry und Sambal Oelek abschmecken.

3 Inzwischen die Eier in ca. 8 Min. hart kochen, kalt abschrecken, pellen, halbieren und in die Sauce legen.

4 Den Joghurt mit etwas Salz verrühren und auf dem Curry verteilen. Das Koriandergrün abbrausen und trocken schütteln. Koriandergrün mit den zarten Stielen hacken und darüberstreuen.

GU CLOU

Kein Geld da für den Einkauf? Dann zaubern Sie das Curry mit Zutaten aus dem Vorrat: Statt Frühlingszwiebeln können Sie 1 normale Zwiebel verwenden, statt Kokosmilch 100 g Doppelrahmfrischkäse und etwas Brühe. Kichererbsen lassen sich durch weiße Bohnen oder Linsen ersetzen.

Für 2 Personen • 30 Min. Zubereitung • Pro Portion ca. 570 kcal, 28 g EW, 13 g F, 83 g KH

KARTOFFEL-KICHERERBSEN-CURRY

SOULFOOD – INDISCH INSPIRIERT

4 dünne Frühlingszwiebeln
2 Knoblauchzehen
400 g große, vorwiegend festkochende Kartoffeln
1 EL Öl
300 ml Gemüsebrühe
1 Dose Kichererbsen (240 g Abtropfgewicht)
½ Bio-Limette
1 Stück Ingwer (ca. 2 cm lang)
200 g Kokosmilch
Salz, Pfeffer
1 TL Currypulver
Chiliflocken (nach Belieben)

1 Die Frühlingszwiebeln putzen und waschen. Die weißen und grünen Teile getrennt in Ringe schneiden. Den Knoblauch schälen und hacken. Die Kartoffeln schälen, waschen und in 1 ½ cm große Würfel schneiden.

2 In einem Wok das Öl erhitzen. Die weißen Frühlingszwiebelringe im Öl glasig andünsten, den Knoblauch kurz mitdünsten. Die Brühe angießen und aufkochen. Die Kartoffelwürfel in die kochende Brühe geben, Brühe erneut aufkochen und die Kartoffelwürfel zugedeckt in ca. 10 Min. gar kochen.

3 Inzwischen die Kichererbsen in ein Sieb abgießen, abbrausen und abtropfen lassen. Die Limettenhälfte heiß waschen und abtrocken. Die Schale fein abreiben und etwas Saft auspressen. Den Ingwer schälen und fein reiben.

4 Die Kichererbsen unter die Kartoffeln mischen und zugedeckt miterhitzen. Die Kokosmilch einrühren. Alles mit Ingwer, Salz, Pfeffer, Curry, nach Belieben auch Chiliflocken und Limettenschale würzen, mit einigen Spritzern Limettensaft abrunden.

5 Das Kartoffel-Kichererbsen-Curry in zwei Schalen anrichten und mit den grünen Frühlingszwiebelringen und nach Belieben auch noch mit 1 Prise Chiliflocken bestreuen.

Für 2 Personen • 15 Min. Zubereitung • Pro Portion ca. 765 kcal, 15 g EW, 43 g F, 76 g KH

PENNE MIT KIRSCHTOMATEN

... UND KRÄUTERFRISCHER AVOCADOCREME

200 g Penne (ersatzweise andere italienische Pasta)
Salz
250 g Kirschtomaten
1 ½ EL Olivenöl
Pfeffer
1 große reife Avocado (ersatzweise 2 kleine)
50 g Doppelrahmfrischkäse
50 ml Gemüsebrühe
6 Stängel Basilikum

1 In einem Topf Wasser aufkochen und salzen. Die Penne darin nach Packungsangabe al dente garen. Inzwischen die Tomaten waschen, trocken reiben und längs halbieren. Das Öl erhitzen, die Tomaten unter gelegentlichem Wenden 3–4 Min. braten, bis sie weich, aber nicht zerfallen sind. Tomaten salzen und pfeffern.

2 Die Avocado halbieren und entkernen, das Fruchtfleisch herauslösen und mit Frischkäse und Brühe in einen Rührbecher geben. Das Basilikum abbrausen und trocken schütteln. Einige Blättchen zur Seite legen, restliche Blättchen und zarte Stiele hacken und zur Avocado geben. Alles mit dem Pürierstab pürieren, salzen und pfeffern.

3 Die Herdplatte mit den Tomaten ausschalten, die Avocado-Basilikum-Creme einrühren und vorsichtig erwärmen. Die Pasta abgießen und ausdampfen lassen, die Tomatenmischung darauflöffeln und alles mit den Basilikumblättchen garnieren.

Für 2 Personen • 20 Min. Zubereitung • Pro Portion ca. 665 kcal, 22 g EW, 34 g F, 61 g KH

GRÜNKOHL-PASTA

KERNIG GETOPPT

Salz
1 Zwiebel
1 Knoblauchzehe
1 ½ EL Olivenöl
200 g gehackter TK-Grünkohl
300 ml Gemüsebrühe
100 g Doppelrahmfrischkäse
150 g Tagliatelle (ersatzweise andere italienische Pasta)
30 g Sonnenblumenkerne
30 g Parmesan
Pfeffer
Chiliflocken

1 In einem Topf Wasser aufkochen und salzen. Inzwischen Zwiebel und Knoblauch schälen und würfeln. Die Zwiebelwürfel glasig andünsten, Knoblauch kurz mitdünsten, dann den gefrorenen Grünkohl dazugeben und unter Rühren 2–3 Min. andünsten. Zunächst 200 ml Brühe angießen und den Frischkäse einrühren. Bei mittlerer Hitze alles zugedeckt köcheln lassen.

2 Gleichzeitig die Pasta in das kochende Wasser geben und nach Packungsangabe al dente garen. Die Sonnenblumenkerne in einer kleinen Pfanne ohne Fett goldgelb rösten, bis sie anfangen zu knistern. Auf einem Teller abkühlen lassen. Den Parmesan dünn hobeln.

3 Den Grünkohl mit Salz und Pfeffer abschmecken, nach Belieben noch etwas mehr Brühe einrühren. Die Pasta abgießen und auf zwei Teller verteilen, darauf den Grünkohl geben. Parmesan und Sonnenblumenkerne darauf verteilen und mit Chiliflocken bestreuen.

Für 2 Personen • 20 Min. Zubereitung + 10 Min. Quellen • Pro Portion ca. 370 kcal, 13 g EW, 16 g F, 42 g KH

BOHNEN-BULETTEN

HERZHAFT

1 Zwiebel
2 Knoblauchzehen
2 ½ EL Olivenöl
1 Dose Kidneybohnen (240 g Abtropfgewicht)
1 Bund Petersilie
Salz
Pfeffer
2 TL scharfer Senf
2 TL Tomatenmark
2 TL No-Waste-Würzpaste (nach Belieben) = Gemüsebrühepulver
50 g zarte Haferflocken

1 Zwiebel und Knoblauch schälen und fein würfeln. Die Zwiebelwürfel in 1 EL Öl glasig andünsten. Den Knoblauch kurz mitdünsten. Die Zwiebelmischung abkühlen lassen.

2 Die Bohnen abgießen, gründlich abbrausen und sehr gut abtropfen lassen. Die Petersilie abbrausen, trocken schütteln und die Blättchen hacken. Die Bohnen mit dem Kartoffelstampfer zerdrücken, mit der Zwiebelmischung und der Petersilie mischen. Mit Salz, Pfeffer und Senf kräftig würzen. Das Tomatenmark und nach Belieben auch die Würzpaste untermengen. Die Haferflocken untermischen und die Bohnenmasse ca. 10 Min. quellen lassen.

3 Dann die Masse nochmals durchkneten und sechs gleich große Buletten daraus formen. Die Buletten im restlichen Öl von jeder Seite bei mittlerer Hitze in 3–4 Min. knusprig braten. Dazu passen scharf gewürzte Bratkartoffeln mit Zwiebeln und Knoblauch.

Für 2 Personen • 30 Min. Zubereitung • Pro Portion ca. 585 kcal, 28 g EW, 28 g F, 56 g KH

BOHNEN MIT SCHARFER SAUCE

MEDITERRAN

400 g grüne TK-Bohnen
Salz
1 große Zwiebel
2 Knoblauchzehen
2 EL Olivenöl
20 g Tomatenmark
2 TL Sambal Oelek
1 Dose stückige Tomaten
1 Dose Kidneybohnen (240 g Abtropfgewicht)
Pfeffer
30 g Walnusskerne
30 g schwarze Oliven (ohne Stein)
6 Stängel Petersilie

1 Die TK-Bohnen in kochendes Salzwasser geben und 4–5 Min. darin garen, dann abgießen und eiskalt abschrecken. Inzwischen Zwiebel und Knoblauch schälen und würfeln.

2 Die Zwiebelwürfel im Öl glasig andünsten, Knoblauch dazugeben und kurz mitdünsten. Tomatenmark und 1–2 TL Sambal Oelek hinzufügen und im Öl anrösten. Alles mit den Tomaten ablöschen und ca. 10 Min. ohne Deckel köcheln lassen. Dann die Kidneybohnen abgießen, gründlich abbrausen und abtropfen lassen. Mit den grünen Bohnen untermischen und erhitzen. Inzwischen die Walnusskerne grob hacken und die Oliven halbieren. Die Petersilie abbrausen und trocken schütteln. Die Blättchen hacken.

3 Bohnen-Mix mit Salz und Pfeffer abschmecken, Nüsse und Oliven darauf verteilen und mit der Petersilie bestreuen.

Oliven-Nudelsalat

Für 2 Personen • 25 Min. Zubereitung • Pro Portion ca. 440 kcal, 17 g EW, 19 g F, 48 g KH

Kitharaki od Risoni gekocht
Schwarze Oliven
Frühlingszwiebeln, Petersilie
Thymian, Oregano,
2 reife große Tomaten
Feta
Salz, Pfeffer, Öl, Apfelessig

ROTER PAPRIKAREIS MIT FETA

VOM BALKAN

100 g Parboiled Reis
Salz
500 g rote Paprika
1 große Zwiebel
2 EL Olivenöl
1 Knoblauchzehe
20 g Tomatenmark
Pfeffer
1 TL edelsüßes Paprikapulver
Chiliflocken
100 g Schafskäse (Feta)
4 Stängel Petersilie

TAUSCH-TIPP

Anstelle des Fetas kann man geriebenen Käse verwenden – eine gute Möglichkeit zur Resteverwertung! Oder fertig geriebenen Mozzarella aus dem Kühlregal nehmen. Der schmilzt besonders gut.

1 Den Reis in ca. 15 Min. oder nach Packungsangabe in Salzwasser garen. Inzwischen die Paprikaschoten nach Belieben dünn schälen und waschen. Die oberen und unteren »Kappen« abschneiden und beiseitelegen. Die restlichen Innenstücke der Schoten von Kernen und weißen Trennwänden befreien und in ½ cm breite Streifen schneiden, dann würfeln. Die Zwiebel schälen und würfeln.

2 Das Olivenöl in einer Pfanne erhitzen. Die Zwiebelwürfel darin glasig andünsten, die Paprikawürfel dazugeben und alles unter gelegentlichem Rühren ca. 4 Min. braten. Inzwischen den Knoblauch schälen und grob zerkleinern. Die beiseitegelegten Paprikastücke putzen und grob zerkleinern, anschließend mit dem Knoblauch im Blitzhacker pürieren.

3 Das Tomatenmark zu den Paprikawürfeln in der Pfanne geben und unter Rühren anrösten, das Paprika-Knoblauch-Püree dazugeben und unterrühren.

4 Den Reis abgießen und etwas ausdampfen lassen, dann unter die Paprikamischung rühren. Mit Salz, Pfeffer, Paprika und Chiliflocken abschmecken. Die Herdplatte ausschalten. Den Feta zerbröckeln und auf der Reismischung verteilen. Zugedeckt in 2–3 Min. weich werden lassen. Inzwischen die Petersilie abbrausen, trocken schütteln und die Blättchen hacken.

5 Den Paprikareis mit dem Feta auf zwei Schalen verteilen und mit der Petersilie bestreuen.

Für 2 Personen • 35 Min. Zubereitung • Pro Portion ca. 500 kcal, 22 g EW, 34 g F, 23 g KH

SELLERIE-KARTOFFEL-STAMPF

MIT EIERN IN SENFSAUCE

300 g Knollensellerie
300 g mehligkochende Kartoffeln
4 Stängel Petersilie
1 EL Olivenöl
250 ml Gemüsebrühe
4 Eier (M)
125 g Doppelrahmfrischkäse
3 TL Senf (nach Belieben mild oder scharf)
Salz
Pfeffer

1 Sellerie schälen, waschen und knapp 2 cm groß würfeln. Die Kartoffeln schälen, waschen und etwas kleiner würfeln. Petersilie abbrausen und trocken schütteln, Stiele und Blätter separat hacken.

2 Selleriewürfel und Petersilienstiele unter Rühren im Öl ca. 3 Min. andünsten, Kartoffeln und Brühe dazugeben. Alles aufkochen und zugedeckt ca. 18 Min. köcheln lassen. Inzwischen die Eier nach Geschmack weich, wachsweich oder hart kochen, dann abschrecken und pellen. Frischkäse, Senf und 50 ml Wasser glatt rühren und in einem Topf unter Rühren erhitzen.

3 Das Gemüse abgießen, dabei die Flüssigkeit auffangen und auf knapp 2 EL einkochen. Das Gemüse mit dem Kartoffelstampfer leicht stückig stampfen, die Hälfte der Petersilie untermischen. Die reduzierte Flüssigkeit einrühren. Den Stampf salzen, pfeffern und mit Eiern und Senfsauce anrichten, mit übriger Petersilie bestreuen.

Für 2 Personen • 25 Min. Zubereitung • Pro Portion ca. 505 kcal, 20 g EW, 20 g F, 58 g KH

KRAUTNUDELN MIT FETA

KLASSIKER NEU AUFGELEGT

Salz
1 große Zwiebel
2 EL Olivenöl
½ kleiner Spitzkohl (ca. 250 g)
150 g Linguine (ersatzweise Tagliatelle)
100 ml Gemüsebrühe
100 g Schafskäse (Feta)
5 Stängel Petersilie
Pfeffer
Cayennepfeffer
Chiliflocken

1 Reichlich Wasser aufkochen und salzen. Inzwischen die Zwiebeln schälen, hacken und im Öl glasig dünsten. Äußere Blätter vom Spitzkohl entfernen, Kohl ohne Strunk in 1 cm breite Streifen schneiden. Die Pasta im kochenden Wasser al dente garen.

2 Inzwischen den Spitzkohl zu den Zwiebeln geben und ca. 2 Min. sanft rührbraten. Die Brühe angießen. Den Kohl zugedeckt ca. 3 Min. dünsten. Den Feta zerbröckeln, etwa zwei Drittel davon zum Kohl geben und unter Rühren schmelzen lassen, anschließend das Gemüse weitere 3 Min. zugedeckt dünsten. Die Petersilie abbrausen, trocken schütteln und die Blättchen hacken.

3 Die Nudeln abgießen und mit dem Kohl mischen. Alles mit Salz, Pfeffer und Cayennepfeffer abschmecken. Die Petersilie teils unterheben und teils darüberstreuen. Den restlichen Feta und 1 Prise Chiliflocken über die Krautnudeln streuen.

Für 2 Personen • 20 Min. Zubereitung • Pro Portion ca. 340 kcal, 19 g EW, 21 g F, 18 g KH

SPINAT MIT BOHNEN

ITALIENISCH INSPIRIERT

1 Zwiebel
3 Knoblauchzehen
3 EL Olivenöl
400 g TK-Blattspinat
1 Dose weiße Bohnen (240 g Abtropfgewicht)
40 g Parmesan
Salz
Pfeffer
Chiliflocken

1 Zwiebel und Knoblauch schälen und fein hacken. Die Zwiebel in 2 EL Öl glasig andünsten, den Knoblauch kurz mitdünsten. Den Spinat dazugeben, unter Rühren kurz andünsten. Etwas Wasser (2–3 EL) dazugeben und den Spinat zugedeckt 5–7 Min. bei mittlerer Hitze auftauen und garen, dabei einmal umrühren. Inzwischen die Bohnen in ein Sieb abgießen, abbrausen und abtropfen lassen.

2 Die Bohnen unter den Spinat rühren und zugedeckt ca. 3 Min. darin sanft erhitzen. Inzwischen den Parmesan grob reiben.

3 Die Spinat-Bohnen-Mischung mit Salz, Pfeffer und Chiliflocken abschmecken und auf zwei Tellern anrichten. Das restliche Öl darüberträufeln und mit dem Parmesan bestreuen.

Für 2 Personen • 25 Min. Zubereitung • Pro Portion ca. 530 kcal, 21 g EW, 47 g F, 5 g KH

ZUCCHINI-FRITTATA MIT OLIVEN

MEDITERRAN

4 Eier (M)
75 g Doppelrahmfrischkäse
Salz
Pfeffer
frisch geriebene Muskatnuss
200 g Zucchini
4 Stängel Petersilie
20 g schwarze Oliven (ohne Stein)
1 EL Olivenöl
2 EL Butter
40 g geriebener Mozzarella (Kühlregal)
Chiliflocken

1 Eier und Frischkäse mit dem Pürierstab glatt verrühren. Mit Salz, Pfeffer und Muskatnuss würzen. Die Zucchini waschen, putzen und in 2 mm schmale Scheiben hobeln. Die Petersilie abbrausen, trocken schütteln und die Blättchen hacken. Oliven in Scheiben schneiden.

2 Das Öl in einer Pfanne bei mittlerer Hitze erhitzen. Die Butter dazugeben und schmelzen, bis sie schäumt. Die Zucchini dazugeben und ca. 2 Min. sanft braten, dabei ein- bis zweimal wenden. Oliven untermischen. Die Hitze etwas reduzieren, die Eiermasse auf die Zucchini gießen und bei mittlerer Hitze 3–4 Min. stocken lassen, dabei den Rand mit einem Silikonlöffel öfter anheben und die noch flüssige Eiermasse darunterfließen lassen.

3 Den Mozzarella auf der Frittata verteilen. Den Herd ausschalten, den Deckel auflegen und den Mozzarella in 2–3 Min. schmelzen lassen. Frittata mit Petersilie und Chili bestreuen und sofort servieren.

REGISTER

A

B/C

E/F

G/H

K

L

Abkürzungsverzeichnis:
E = Eiweiß
EL = Esslöffel (gestrichen)
F = Fett
kcal = Kilokalorien
KH = Kohlenhydrate
Msp. = Messerspitze
Pck. = Päckchen
TK = Tiefkühl
TL = Teelöffel (gestrichen)
Ø = Durchmesser

G|U QUALITÄTS GARANTIE

LIEBE LESERINNEN UND LESER,

wir wollen Ihnen mit diesem Buch Informationen und Anregungen geben, um Ihnen das Leben zu erleichtern oder Sie zu inspirieren, Neues auszuprobieren. Wir achten bei der Erstellung unserer Bücher auf Aktualität und stellen höchste Ansprüche an Inhalt und Gestaltung. Alle Anleitungen und Rezepte werden von unseren Autoren, jeweils Experten auf ihren Gebieten, gewissenhaft erstellt und von unseren Redakteur*innen mit größter Sorgfalt ausgewählt und geprüft.

Haben wir Ihre Erwartungen erfüllt? Sind Sie mit diesem Buch und seinen Inhalten zufrieden? Wir freuen uns auf Ihre Rückmeldung. Und wir freuen uns, wenn Sie diesen Titel weiterempfehlen, in Ihrem Freundeskreis oder bei Ihrem Online-Kauf.

Sollten wir Ihre Erwartungen so gar nicht erfüllt haben, tauschen wir Ihnen Ihr Buch jederzeit gegen ein gleichwertiges zum gleichen oder ähnlichen Thema um.

KONTAKT ZUM LESERSERVICE

GRÄFE UND UNZER VERLAG
Grillparzerstraße 12
81675 München
www.gu.de

IMPRESSUM

G|U

ISBN 978-3-8338-8986-8
1. Auflage 2023

Projektleitung: Dr. Maria Haumaier
Lektorat: Susanne Bodensteiner
Korrektorat: Anne-Sophie Zähringer
Gesamtgestaltung: independent Medien-Design, Horst Moser, München
Umschlaggestaltung: ki36 Editorial Design, Sabine Krohberger, München
Herstellung: Chiara Knell, Gloria Schlayer
Satz: Eberl & Koesel Studio GmbH
Reproduktion: medienprinzen GmbH
Druck und Bindung: Firmengruppe APPL, aprinta druck, Wemding

GRÄFE UND UNZER
Ein Unternehmen der
GANSKE VERLAGSGRUPPE

DIE AUTORIN

Bettina Matthaei ist eine gefragte Autorin mit den Schwerpunkten Gewürze und gesunde Küche. Im GRÄFE UND UNZER VERLAG sind viele erfolgreiche Titel von ihr erschienen. Für dieses Buch hat sie preiswerte Rezepte entwickelt, die kreativ, lecker und gesund sind.

DIE FOTOGRAFIN

Julia Hoersch ist eine vielfach ausgezeichnete Foodfotografin. Mit Katja Baum (Foodstyling) und Christine Mähler (Requisite) hat sie in ihrem Fotostudio in Hamburg die Rezepte unter 2 Euro perfekt in Szene gesetzt.

Bildnachweis:
Julia Hoersch: S. 06–59 und Stepfotos auf den Klappen; Coco Lang: S. 01, 05 und Stillleben auf den Klappen; Jan Brettschneider: Cover; Nicole Keller: S. 04 Autorenfoto

Umwelthinweis:
Nachhaltigkeit ist uns sehr wichtig. Der Rohstoff Papier ist in der Buchproduktion hierfür von entscheidender Bedeutung. Daher ist dieses Buch auf PEFC-zertifiziertem Papier gedruckt. PEFC garantiert, dass ökologische, soziale und ökonomische Aspekte in der Verarbeitungskette unabhängig überwacht werden und lückenlos nachvollziehbar sind.

Syndication: www.seasons.agency
Die GU-Homepage finden Sie unter www.gu.de

APPETIT AUF MEHR?

ISBN 978-3-8338-8402-3

ISBN 978-3-8338-7982-1

ISBN 978-3-8338-2201-8

ISBN 978-3-8338-8263-0

ISBN 978-3-8338-8585-3

ISBN 978-3-8338-7302-7

Alle hier vorgestellten Bücher sind auch als eBook erhältlich.

Mehr von GU auf **www.gu.de** und **facebook.com/gu.verlag**

DIE »GU KOCHEN PLUS«-APP

1 APP HERUNTERLADEN

Laden Sie die kostenlose »GU Kochen Plus«-App im Apple App Store oder im Google Play Store auf Ihr Smartphone. Starten Sie die App und wählen Sie Ihren Küchenratgeber aus.

2 REZEPTBILD SCANNEN

Scannen Sie das gewünschte Rezeptbild mit der Kamera Ihres Smartphones. Klicken Sie im Display die Funktion Ihrer Wahl.

3 FUNKTIONEN NUTZEN

Sammeln Sie Ihre Lieblingsrezepte. Speichern und verschicken Sie Ihre Einkaufslisten. Oder nutzen Sie den praktischen Supermarkt-Finder und den Rezept-Planer.